Serie·Ciclos·de vida

El ciclo de vida de la

mariposa

Bobbie Kalman

Ilustrado por Margaret Amy Reiach

Crabtree Publishing Company

www.crabtreebooks.com

Serie Ciclos de vida

Un libro de Bobbie Kalman

Para mi hija Samantha, que es una hermosa mariposa

Dedicado por Maggie Reiach
Para Sommer, una visión de la fuerza y la belleza de la naturaleza

Autora y editora en jefe
Bobbie Kalman

Editores
Kathryn Smithyman
Amanda Bishop
Niki Walker

Diseño de la portada
Campbell Creative Services

Diseño por computadora
Margaret Amy Reiach

Coordinación de producción
Heather Fitzpatrick

Investigación fotográfica
Heather Fitzpatrick

Consultora
Patricia Loesche, Ph.D., Programa sobre el comportamiento de animales,
Departamento de Psicología, University of Washington

Fotografías
Frank S. Balthis: páginas 16 (pie de página), 24, 26 (parte superior), 27, 31
John Daly: páginas 16 (parte superior), 17, 18, 19, 20, 21, 22 (pie de página),
    23 (parte superior)
Robert McCaw: páginas 12, 22 (parte superior), 23 (pie de página),
    26 (pie de página)
Tom Stack and Associates: Jeff Foott: página 25
Otras imágenes de Adobe Image Library, Digital Stock y Digital Vision

Ilustraciones
Todas las ilustraciones son de Margaret Amy Reiach, a excepción de:
Antoinette "Cookie" DeBiasi: página 7 (parte superior)
Tiffany Wybouw: páginas 15 (parte superior), 17, 30 (pie de página, al
    centro), 31 (parte superior, izquierda y derecha)

Tradcción
Serviciuos de traducción al español y de composición
    de textos suministrados por translations.com

Crabtree Publishing Company

www.crabtreebooks.com   1-800-387-7650

Copyright © **2005 CRABTREE PUBLISHING COMPANY**.
Todos los derechos reservados. Se prohíbe la reproducción total o
parcial de esta obra, su almacenamiento en sistemas de
recuperación de información o su transmisión en cualquier forma y
por cualquier medio, ya sea electrónico o mecánico, incluido el
fotocopiado o grabado, sin la autorización previa por escrito de
Crabtree Publishing Company. En Canadá: Agradecemos el apoyo
económico del Gobierno de Canadá a través del programa *Book
Publishing Industry Development Program* (Programa de desarrollo de
la industria editorial, BPIDP) para nuestras actividades editoriales.

Catalogación en publicación por la Biblioteca del Congreso de los EE. UU. (CIP)
Kalman, Bobbie, 1947-
    [Life cycle of a butterfly. Spanish]
    El ciclo de vida de la mariposa / written by Bobbie Kalman ; illustrated by
Margaret Amy Reiach.
                p. cm. -- (Serie ciclos de vida)
    Includes index.
    ISBN-13: 978-0-7787-8662-7 (rlb)
    ISBN-10: 0-7787-8662-5 (rlb)
    ISBN-13: 978-0-7787-8708-2 (pbk.)
    ISBN-10: 0-7787-8708-7 (pbk.)
    1. Butterflies--Life cycles--Juvenile literature. I. Reiach, Margaret Amy, ill. II
QL544.2.K35218 2005
595.78'9--dc22
                                                                                    2005
                                                                                    I

**Publicado en
los Estados Unidos**
PMB16A
350 Fifth Ave.
Suite 3308
New York, NY
10118

**Publicado
en Canadá**
616 Welland Ave.,
St. Catharines, Ontario
Canada
L2M 5V6

**Publicado en
el Reino Unido**
73 Lime Walk
Headington
Oxford
OX3 7AD
United Kingdom

**Publicado
en Australia**
386 Mt. Alexander Rd.,
Ascot Vale (Melbourne)
V1C 3032

Contenido

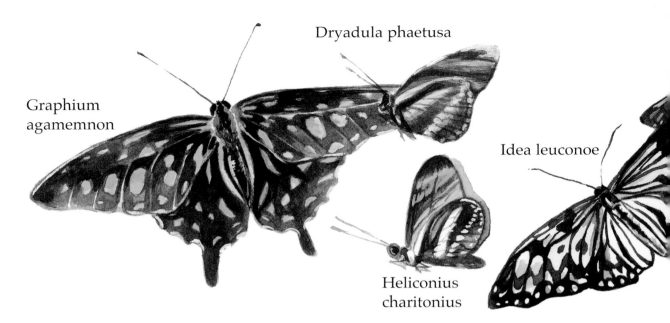

Graphium
agamemnon

Dryadula phaetusa

Idea leuconoe

Heliconius
charitonius

Hermosas mariposas

Estas mariposas son hermosas, pero no siempre se vieron así. Hace apenas unas semanas no eran ni siquiera mariposas. Eran orugas y parecían gusanos de patas regordetas.

Su cuerpo cambió muchas veces antes de que se convirtieran en mariposas adultas. Sigue leyendo para aprender cómo sucedieron estos cambios.

Catoneph
numilia

Anartia
jatrophae

Heliconius hecale

Agraulis vanillae

Parides anchises

reina (Danaus glilippus)

Caligo memnon

monarca (Danaus plexippus)

Julia Heliconian (Dryas julia)

Cethosia biblis

Heliconius erato

Hypolimnas bolina

Colias philodice

mariposa tigre (Danaus chrysippus)

Papilio cresphontes

¿Cuántas de estas mariposas has visto?

¿Qué es una mariposa?

Las mariposas son **insectos**. Su cuerpo tiene tres partes: cabeza, **tórax** y **abdomen**. Todos los insectos tienen seis patas y algunos, entre ellos las mariposas, tienen alas. También tienen dos **antenas**. Las mariposas tienen el sentido del olfato en las antenas y el del gusto en las patas.

*Las alas de las mariposas están cubiertas por millones de pequeñas **escamas** que les dan el color a las alas y le ayudan a volar al insecto. Si tocas el ala de una mariposa, las escamas se te pegarán a los dedos y el ala se estropeará.*

El cuerpo de la mariposa

El cuerpo de la mariposa está hecho
para volar y planear. Tiene alas grandes
y un cuerpo pequeño y liviano. Sus **ojos
compuestos** ven colores y diseños en las
flores que nuestros ojos no pueden ver.
Los diseños la ayudan a llegar al **néctar**
del centro de la flor. La mariposa usa su
larga lengua, llamada **probóscide**, para
chupar el néctar.

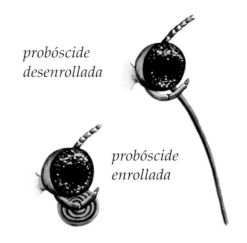

*probóscide
desenrollada*

*probóscide
enrollada*

*La probóscide se estira para alcanzar
una flor y se enrolla cuando no se usa.*

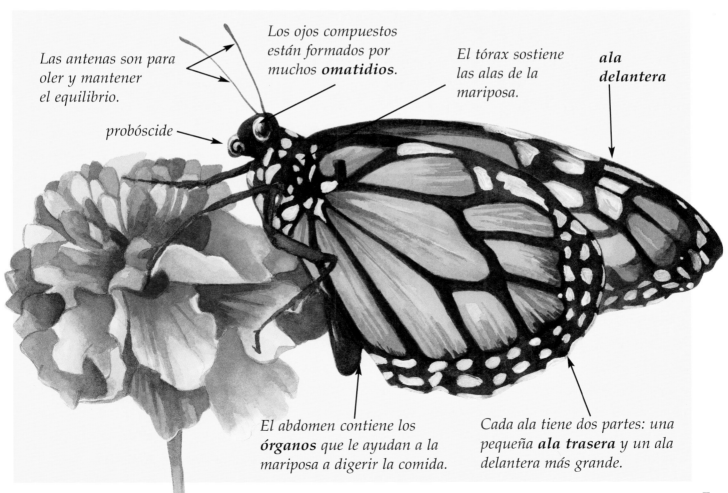

*Las antenas son para
oler y mantener
el equilibrio.*

*Los ojos compuestos
están formados por
muchos **omatidios**.*

*El tórax sostiene
las alas de la
mariposa.*

***ala
delantera***

probóscide

*El abdomen contiene los
órganos que le ayudan a la
mariposa a digerir la comida.*

*Cada ala tiene dos partes: una
pequeña **ala trasera** y un ala
delantera más grande.*

¿Qué es un ciclo de vida?

El **ciclo de vida** de un animal está formado por las etapas de su vida desde el momento en que nace hasta que se convierte en un adulto que puede tener cría. Cada ciclo de vida tiene las mismas etapas: nacer, crecer y convertirse en adulto. Los ciclos de vida continúan mientras haya animales que puedan tener cría.

Corta vida

El ciclo de vida de un animal no es lo mismo que el **período de vida**. El período de vida es el tiempo en que un animal está vivo. La mayoría de las mariposas tienen vida corta. Sólo viven unas pocas semanas.

Las monarcas viven más

Las monarcas viven más que otras mariposas. Su período de vida depende de la época en que nacen. Las que nacen en primavera viven cuatro o cinco semanas, pero las que nacen en otoño viven varios meses.

Del huevo a la mariposa

Una mariposa pasa por cuatro etapas en su ciclo de vida: huevo, **larva**, **pupa** y adulto.

Cuando una hembra adulta pone huevos, el ciclo de vida comienza otra vez.

1 *La primera etapa del ciclo de vida es el huevo.*

La mariposa adulta sale del capullo y está lista para volar.

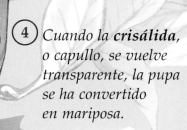

2 *La larva sale del huevo. En esta etapa recibe el nombre de oruga.*

4 *Cuando la **crisálida**, o capullo, se vuelve transparente, la pupa se ha convertido en mariposa.*

3 *La oruga hace un capullo a su alrededor. El insecto ahora es una pupa.*

La magnífica monarca

Este libro describe el ciclo de vida de la mariposa monarca. Las monarcas son más fáciles de encontrar que otras mariposas. Se reconocen por sus alas anaranjadas y negras. Vuelan mucho más lejos que las otras mariposas. Cada año vuelan grandes distancias.

Se necesita algodoncillo

Las monarcas ponen sus huevos sólo en una planta que se llama algodoncillo. Si no hay algodoncillo en una zona, tampoco habrá monarcas.

Cargada de huevos

Si levantas una hoja de algodoncillo, es probable que encuentres uno o más huevecillos de monarca pegados en el dorso.

Crecer dentro de un huevo

Al comienzo, los huevos de monarca son blancos, pero pronto se vuelven gris oscuro. Dentro de cada huevo crece una oruga. Se alimenta de la **yema**, que es comida almacenada dentro del huevo.

¡Déjenme salir!

Entre tres y seis días después, la oruga está lista para salir del huevo. Rompe la cáscara con los dientes y luego se la come.

Este algodoncillo está lleno de huevos de monarca, que parecen puntitos. Son los huevos de más de una mariposa.

*La cáscara es la primera comida de la oruga. Tiene muchos **nutrientes**, es decir, sustancias que las plantas y los animales necesitan para crecer y permanecer sanos.*

11

Orugas hambrientas

Cuando nace, la oruguita es verde. Pronto su piel se cubre de puntos y rayas. Cuando aparecen, la oruga se pone a trabajar… ¡comiendo!

Ñam, ñam, ñam…

La oruga tiene mandíbulas fuertes para masticar hojas. Sólo come hojas de algodoncillo. Come cerca de 30 hojas para prepararse para la siguiente etapa del ciclo de vida. Cuanto más come, más grande se pone.

A medida que come, la oruga va creciendo. Crece tanto que pesa 3,000 veces más que cuando salió del huevo.

Partes de la oruga

La oruga tiene ojos simples que sólo ven la luz y la oscuridad. Se orienta con los **tentáculos**. Cada oruga tiene una **hilera** bajo la cabeza para fabricar seda. La seda cumple una función muy importante en la siguiente etapa del ciclo de vida.

Más de cerca

¿Has visto de cerca a una oruga? Mira ésta y estudia las partes de su cuerpo. Ahora mira la mariposa de la página 7 y compara las partes de su cuerpo con las de esta oruga. ¿En qué se parecen? ¿En qué se diferencian?

La oruga tiene el sentido del tacto en los tentáculos.

*Respira por unos agujeritos, llamados **espiráculos**, que tiene por todo el cuerpo.*

Los tentáculos traseros también se utilizan para el tacto. Algunas orugas no tienen tentáculos.

La hilera es para fabricar seda.

patas verdaderas

patas falsas

*A cada lado del tórax hay seis **patas verdaderas** con garras. Estas patas se convertirán en las seis patas largas de la mariposa.*

*La oruga digiere la comida en el abdomen. Por fuera del abdomen hay diez **patas falsas**. Estos muñoncitos tienen ganchos para aferrarse a las plantas.*

Muy grande para su piel

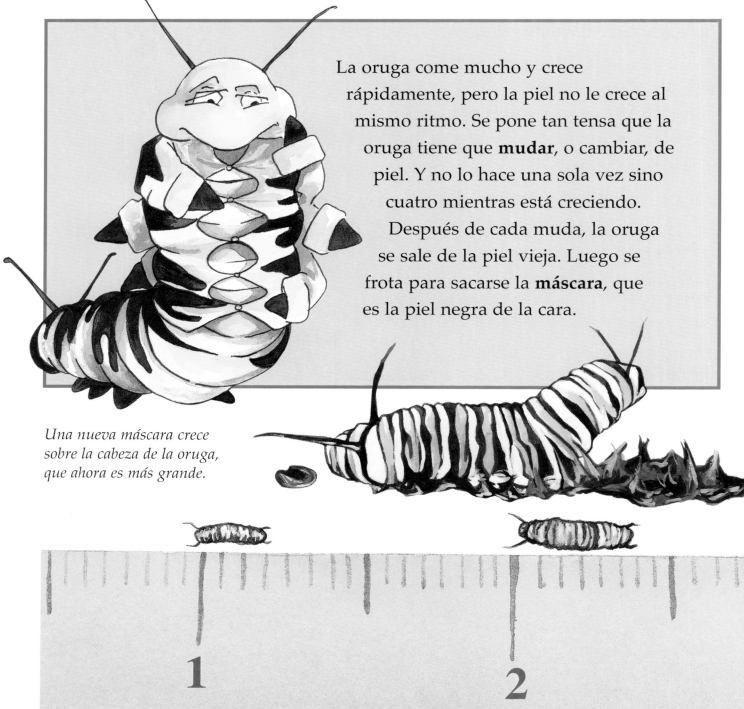

La oruga come mucho y crece rápidamente, pero la piel no le crece al mismo ritmo. Se pone tan tensa que la oruga tiene que **mudar**, o cambiar, de piel. Y no lo hace una sola vez sino cuatro mientras está creciendo. Después de cada muda, la oruga se sale de la piel vieja. Luego se frota para sacarse la **máscara**, que es la piel negra de la cara.

Una nueva máscara crece sobre la cabeza de la oruga, que ahora es más grande.

1

2

La oruga sigue buscando hasta que encuentra un lugar fuerte del cual colgarse.

Usa los ganchos de las últimas patas falsas para pegarse al botón de su tapete de seda.

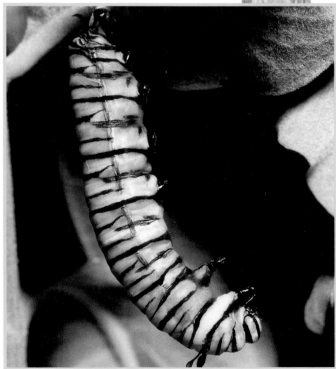

Luego, se estira hasta que queda colgando cabeza abajo.

Mientras está colgando cabeza abajo, la oruga muda de piel por última vez. La piel se abre en dos desde la cabeza hasta la cola. La oruga se retuerce para liberarse de la piel sin soltar el botón. ¡Adiós, rayas!

¡Hola, pupa!

Cuando la oruga se ha deshecho de su piel vieja, forma un capullo duro alrededor de su cuerpo. El capullo se llama crisálida. El insecto dentro de la crisálida ahora se llama pupa.

Sopa de oruga

El cuerpo de la oruga cambia completamente dentro de la crisálida. Se **disuelve**, o descompone, en un líquido verde. En esta sopa comienzan a formarse las partes de la mariposa, como las alas.

Dentro de la crisálida

La crisálida protege a la pupa en esta etapa de cambio. Al comienzo, las crisálidas parecen verdes porque la oruga está disuelta adentro. Hacia la segunda semana, es más transparente. Si te fijas bien, verás que la pupa comienza a convertirse en mariposa. Cuando la crisálida se vuelve totalmente transparente, la mariposa está lista para **emerger**, o salir del capullo.

Tercera etapa

La pupa es la tercera etapa en el ciclo de vida de todas las mariposas. Cada tipo de pupa tiene una crisálida distinta. La *Caligo memnon*, por ejemplo, emerge de una crisálida que parece una hoja muerta. Busca a la *Caligo memnon* en la página 5.

Un aspecto totalmente nuevo

Salir de la crisálida le toma a la mariposa algo de tiempo, y dos o tres empujones.

La mariposa recién formada sale de la crisálida. Tiene las alas mojadas y débiles, y el cuerpo lleno de líquido. La monarca se cuelga de la crisálida vacía y sacude las alas. Bombea líquido del cuerpo a las venas negras de las alas. Las alas crecen y se fortalecen a medida que las venas se llenan de líquido.

Mal sabor
Mientras se le secan las alas, la mariposa no se puede mover, pero las hojas de algodoncillo que comió cuando era oruga la mantienen a salvo. Las hojas contienen un veneno que ahora está en las alas de la mariposa. El veneno puede afectar a las aves y a otros animales. Las aves hambrientas pronto descubren que aunque las alas anaranjadas parecen muy sabrosas, saben horrible. Aprenden a mantenerse lejos de las monarcas.

Metamorfosis

El cambio de oruga a mariposa es una **metamorfosis**. La palabra "metamorfosis" significa "cambio de **forma**". Es el cambio total del cuerpo de un animal de una forma a otra. Después de la metamorfosis, ya no hay oruga. En su lugar hay una hermosa mariposa.

Una nueva vida

Con su nuevo cuerpo, la mariposa tiene una nueva vida. Cuando era oruga no podía ir muy lejos con sus patas regordetas. Ahora que es mariposa puede volar grandes distancias. La oruga no podía ver bien, pero la mariposa tiene buena vista. La oruga masticaba las hojas con sus fuertes mandíbulas. La mariposa bebe el néctar con la probóscide.

La mariposa sacude las alas hasta que están totalmente desplegadas y espera a que se sequen para poder volar.

21

Macho y hembra

escamas aromáticas

Las dos monarcas de esta página son machos. Tienen escamas aromáticas negras en las alas traseras.

¿Puedes ver la diferencia entre las mariposas de esta página y las de la siguiente? Las monarcas machos tienen un punto oscuro en cada ala trasera. Los puntos están formados por muchas **escamas aromáticas**. Cuando un macho está listo para **aparearse**, o tener crías, frota estas escamas con las patas traseras. Al frotarlas, produce un aroma que atrae a las hembras.

Padres sólo una vez

La mariposa monarca se aparea sólo una vez en su vida. El macho y la hembra se aparean para que la hembra pueda poner huevos. Las mariposas no viven mucho tiempo después de aparearse. Sin embargo, las orugas salen de los huevos rápidamente y el ciclo de vida vuelve a empezar.

Estas monarcas son hembras.
No tienen escamas aromáticas.

23

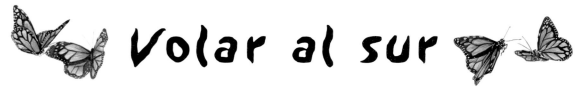

Volar al sur

Las monarcas son las únicas mariposas que **migran**, es decir, que viajan grandes distancias. El frío mata a las monarcas, así que las que nacen en otoño deben migrar a lugares cálidos en invierno. La mayoría de las monarcas de América del Norte vuelan a México o a California. Como deben viajar tanto, suelen **planear**, o dejar que el viento las lleve. Viajan al sur en grandes bandadas. Millones de monarcas ocupan el cielo. Cuando llegan a su hogar de invierno, descansan en árboles altos. Se apilan unas encima de otras hasta que cubren los árboles por completo. Se quedan muy quietas para ahorrar energía.

*No todas las monarcas migran. La mayoría pasa su ciclo de vida en un solo lugar. Sin embargo, las monarcas que nacen al comienzo del otoño deben viajar a un **clima** más cálido para evitar el duro invierno.*

*Si vives en una zona en donde las mariposas **se posan** para descansar durante la migración, pídele a un adulto que te lleve a verlas. ¡La nube de mariposas te sorprenderá!*

De vuelta a casa

En abril o mayo, las monarcas comienzan a volar hacia el norte. En este viaje vuelan en grupos más pequeños que antes. Van de vuelta a casa, pero no recorrerán todo el camino. Se detendrán en zonas en donde haya algodoncillos para aparearse y poner huevos. Después de aparearse, las mariposas mueren, pero sus huevos se incuban y el ciclo de vida empieza otra vez.

Empezar de nuevo

Las nuevas orugas se convierten en pupas y luego en mariposas monarca, y continúan el viaje que los adultos empezaron hacia el norte. Ellas también se detienen para aparearse y poner huevos, y el ciclo de vida vuelve a comenzar. Antes de que las mariposas lleguen a casa, el ciclo de vida se habrá completado hasta seis veces.

Monarcas en peligro

Las monarcas ponen sus huevos sólo en los algodoncillos. Si no encuentran plantas de algodoncillo sanas, las monarcas no pondrán huevos. Los seres humanos construyen carreteras y edificios en los campos en donde crece el algodoncillo, y matan la planta porque creen que es fea. Puedes ayudar a las monarcas convenciendo a tus padres y vecinos de que no maten estas plantas. Haz que un grupo de amigos te ayude a plantar algodoncillo o a sacarlo de los jardines para plantarlo en áreas silvestres.

Estos algodoncillos han sido rociados con sustancias químicas. Las monarcas ya no pondrán huevos aquí. Si no encuentran otros algodoncillos, su ciclo de vida no puede continuar.

Menos lugares para descansar

Año tras año, las monarcas vuelan a
México y California en invierno. Vuelven
a los mismos lugares y a menudo a los mismos
árboles. Estos lugares de invierno tienen el clima y las
plantas adecuados y son las únicas zonas en donde
las monarcas pueden sobrevivir. Lamentablemente,
los lugares se achican cada vez más. Las personas
talan los árboles para vender la madera y construir
carreteras y edificios. Hay leyes que protegen
algunos de los lugares de invierno de las monarcas,
pero otros todavía están en peligro de desaparecer.

¡Bienvenidas, mariposas!

Las mariposas cumplen una tarea importante. Esparcen el **polen** de las flores. Al beber el néctar de las flores, el polen se les pega al cuerpo. Luego se pega en las otras flores que la mariposa visita. Para que se produzcan plantas nuevas, el polen se debe esparcir de una planta a otra.

Muchas mariposas mueren porque las flores en las que se alimentan están rociadas con **pesticidas**. Estos productos químicos están creados para matar pestes, pero también matan insectos útiles. Un jardín sin productos químicos es más saludable para todos los seres vivos. Para tener un jardín agradable para las mariposas, pídele a tu familia que no use pesticidas.

Jardines de mariposas

Como las monarcas, muchas otras mariposas están perdiendo las plantas que necesitan para sobrevivir. Puedes ayudar a las mariposas de tu región plantando flores en las que les guste comer y poner huevos. Las plantas favoritas por el néctar son la zinnia, la rudbeckia, la caléndula maravilla, el clavel del poeta, la verbena y la lantana, entre otras. Las mariposas ponen huevos en las margaritas, las boca de dragón, la malva real, los tréboles, las violetas y los eneldos.

Los pesticidas y otros productos químicos para el jardín afectan a las mariposas. También afectan a los animales, como las aves, que comen mariposas y polillas.

Descanso de un minuto

Asegúrate de que tu jardín esté en un lugar soleado y protegido del viento. ¡A las mariposas les encanta detenerse a descansar al sol! Si pones un plato con agua, tal vez veas a una mariposa que se detiene a beber.

*Las casas para mariposas ofrecen refugio del clima riguroso y de los **depredadores**. Las mariposas se deslizan por las ranuras, donde los depredadores no las pueden seguir.*

Criar a una Monarca

Si quieres ver el ciclo de vida de una mariposa, tú mismo puedes criar a una monarca. Debes prometer que le permitirás irse volando en cuanto esté lista. Asegúrate de tener tiempo suficiente para cuidar a la oruga antes de decidir criar a una, y pídele permiso a tus padres antes de comenzar.

Necesitarás:

- un frasco de vidrio grande y limpio
- una tapa de metal o una tela con agujeros para cubrir el frasco
- hojas de algodoncillo
- una ramita fuerte
- un adulto que pueda ayudarte con algunos pasos
- un cuaderno para anotar tus observaciones

1. Cubre el fondo del frasco con grava u hojas. Pídele a un adulto que te ayude a perforar agujeros en la tapa. Si el frasco no tiene tapa, usa una tela con agujeritos, como estopilla o bambula. También puedes usar parte de una media de nailon.

2. Busca una hoja de algodoncillo que tenga huevos o una oruga. Corta la hoja, colócala en el frasco y cúbrelo con la tapa o la tela. No toques la oruga ni los huevos. Asegúrate de que la oruga reciba luz, pero no la pongas directamente al sol.

3. Todos los días ponle hojas frescas de algodoncillo y saca las hojas viejas. La oruga necesitará de 20 a 30 hojas durante los próximos días. Pon también una ramita en el frasco. ¿Por qué se necesita la ramita?

4. Observa la oruga a menudo. Toma nota de las mudas de piel y de cualquier otro cambio. Después de la última muda, la oruga se colgará de la ramita que pusiste en el frasco y se convertirá en pupa.

5. La pupa cambiará todos los días hasta que saldrá de la crisálida convertida en mariposa. Cuando se le sequen las alas, la mariposa comenzará a sacudirlas. Se está preparando para irse volando.
¡Adiós, mariposa!

Observar mariposas es divertido, pero recuerda que si les tocas las alas las maltratarás.

Glosario

clima Estado del tiempo a largo plazo en una región; comprende la temperatura, la lluvia y el viento

depredador Animal que caza a otros animales para alimentarse

escamas Pequeñas estructuras que cubren las alas de una mariposa

larva Cría de un insecto después de que sale del huevo

néctar Líquido dulce de las flores

omatidio Parte del ojo que desvía la luz para crear imágenes

órgano Parte del cuerpo que cumple una tarea importante; el corazón es un órgano

polen Polvo de las flores necesario para hacer flores nuevas

posarse Descansar o dormir en una percha

tentáculos Órganos sensoriales de los insectos

yema Parte del huevo que alimenta a la larva que está adentro

Índice

1 2 3 4 5 6 7 8 9 0 Impreso en Canadá 4 3 2 1 0 9 8 7 6 5